もしものときに きみなら どうする？

防災
ぼう さい

② 家
いえ

監修：国崎信江
かんしゅう くにざきのぶえ

危機管理教育研究所代表 危機管理アドバイザー
きき かんり きょういくけんきゅうじょだいひょう きき かんり

はじめに

　日本は災害が起きやすい国です。地震、津波、土砂災害、台風、洪水など、多くの災害が発生しています。こうした国に住んでいても多くの人は、自分は災害にはあわないだろうと考えがちです。しかし、本当にそうでしょうか。近ごろの日本は災害と無縁の国ではありません。自分が災害にあうことを考えず、何もそなえていないときに災害にみまわれることほどきけんなことはありません。しかし、防災の知識やそなえがあれば、救われる命はたくさんあります。たとえ災害にあっても命や生活を守れるように十分にそなえ、知識をもち、災害にもおれない心の強さをもってほしいと思います。

　この本では、災害にあったとき、身を守るための助けになるように、みなさん自身で安全な行動を考えてもらうくふうをしました。とくに、私がみなさんに強く伝えたいのは、身の守りかたには「これをしておけばぜったい安全」というものはないということです。教わったことがすべてとは考えず、つねに「ここにいたときに災害が起きたら」と考える習慣や、「どう行動するのが安全なのか」と自分の頭で考えることが大切です。ほかの人と意見がちがうときには、なぜそう思うのかを話しあってみましょう。そうすることで、よりたくさんの身を守る方法を見つけることができるようになるはずです。

　自分の未来は命があってこそ開かれます。夢中になっていること、楽しいと感じることを続けられ、自分の夢、やりたいことをかなえるためにも、災害から生きぬく力を育てましょう。この本がその力の一部になることを願っています。

危機管理教育研究所代表　危機管理アドバイザー
国崎信江

もくじ

この本の使いかた

この本では、絵さがしやゲームで、災害（地震や台風）が起きたときの、きけんなところやもの、行動について学ぶことができるよ。6つのテーマにわかれているので、さいしょから順番に読んでもいいし、すきなテーマから読んでもOKだよ！

おすすめの読みかた

ステップ1　大きな絵のなかから、Ｑさがそう！であげられている、きけんな場面をさがそう。

ステップ2　つぎのページにこたえと説明があるので、かくにんして、どうしてきけんなのかをよく読んでみよう。

ステップ3　自分のまわりに、絵と同じようなところはあるかな。身のまわりのきけんポイントをさがしてみよう。

ステップ4　絵と同じことが起きたとき、自分ならどうするかマイアクションを考えてみよう。

❶ 絵さがし

この巻では、家で災害が起きたときの場面を絵にしているよ。もし災害が起きたとき、ここで自分だったらどうするかを考えながら、きけんなポイントをさがしてみてね。

❷ Ｑさがそう！

きけんな場面を表しているよ。丸のなかの絵と同じところを、上の大きな絵から見つけてみてね。

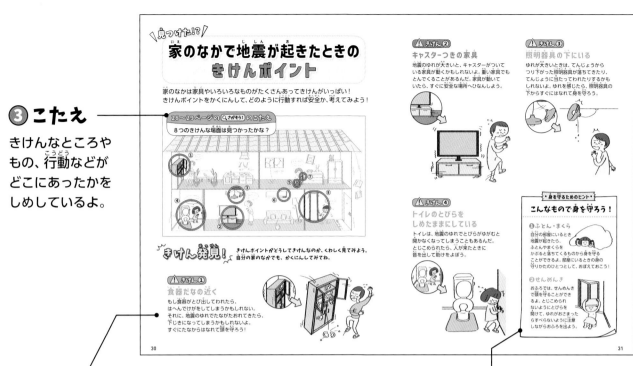

③ こたえ

きけんなところや
もの、行動などが
どこにあったかを
しめしているよ。

④ きけんポイントのかいせつ

どうしてきけんなのかを説明しているよ！
自分の身のまわりにも同じきけんポイントが
ないか思い出しながら、よく読んでね！

⑤ 身を守るためのヒント

災害が起きたときに、知っておくと役に立つ
ヒントを説明しているよ。おぼえておくと、
きっときみの助けになるはず！

⑥ もっと知りたい！

大きい絵にはなかったことだけど、
防災たいさくをするうえで大切なことを
まとめたよ。わすれずに読もうね！

⑦ マイアクションを考えよう

災害が起きたとき、どうするのがよいか、いろいろな
子の意見をしょうかいしているよ。もし自分だったら
どうするのか、いっしょに考えてみてね。

もっと！ 身を守る力をつけるために……

さいごまで読んでみたら、もういちど、大きな絵
のページにもどってみて！ そして、🔍さがそう！
にあげられているほかにもきけんポイントがな
いかさがしてみよう！ どうしてきけんだと思っ
たのかを、友だちや家族と話しあってみるのも
いいね。

「ほかにもきけんな
場面はないかな？」

災害はいつ、どこで起きるかわからない！　家にいるときに大きな地震が起きるかもしれないよね。いざというときに落ちついて行動できるように、

こころえをでんじゅするよ！

その1　まずは落ちつこう！

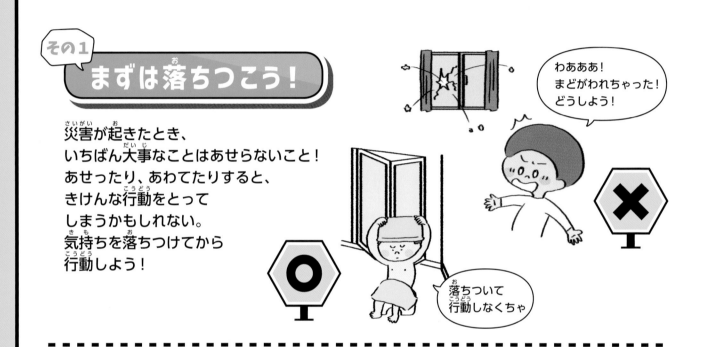

災害が起きたとき、
いちばん大事なことはあせらないこと！
あせったり、あわてたりすると、
きけんな行動をとって
しまうかもしれない。
気持ちを落ちつけてから
行動しよう！

わあああ！
まどがわれちゃった！
どうしよう！

落ちついて
行動しなくちゃ

お母さんを待っていたら、家に水が入ってきちゃったよ〜！

お母さんがいなくても、ひなん所へ行くぞ！

その2　自分の身は自分で守ろう！

災害が起きたとき、家にいても
おうちの人がいない場合もあるよ。
おうちの人が家に帰ってくるのを
待っていたら、にげおくれて
しまうことも……。
いつでも、自分の身は自分で
守るように心がけよう！

こころえ5か条！

その3

そのときによって
自分ではんだんしよう！

どうすれば安全なのかは、
場所や場合によってかわるんだ。
ひなん訓練や、本でしょうかい
されている身の守りかたは、
いつでもぜったいに正しい
というわけではないよ。
じょうきょうによって、いちばん
安全だと思う行動をとろう！

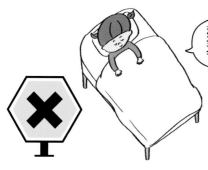

その4

ふだんから災害を
イメージしよう！

家のなかのリビングやこども部屋など、
自分がいつもすごしている場所で、
どんな行動をとるとよいか考えよう！

その5

前もってそなえよう！

災害はいつ起きるかわからないから、
前もってそなえておくことが大切だよ。
災害が起きてからあせらないように、
日ごろからじゅんびできることがないか、
自分で調べてみよう！

台風って何？

7月から10月にかけて、日本にはたくさんの台風がやってくるよ。どのようにして台風が起こるのか、台風がどんなものなのか、まずはかくにんしてみよう！

台風のしくみ

台風は、あたたかい海で発生するよ。強い雨や強い風がげんいんで、大きなひがいが出ることがあるんだ。

❶ 海の水が強い日ざしによって、あたためられて蒸発し、水蒸気になるよ。そこから、上へのぼっていく空気の流れができるよ。

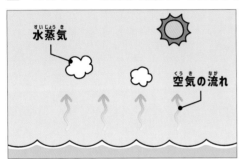

水蒸気

空気の流れ

❷ 水蒸気がうずをまきながら大きくなり、積乱雲（入道雲）になるよ。

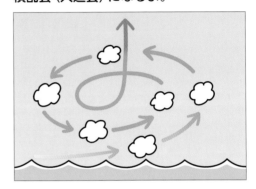

❸ 積乱雲のなかにうずをまいた風がふきこんで、さらに大きくなるよ。

積乱雲

❹ うずができることによって中心に空どう（目）ができ、まわりの積乱雲をとりこんで巨大化したものを台風というよ。

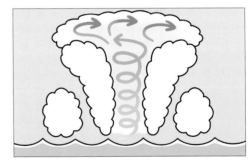

もっと知りたい！

台風はどうして大きくなるの？

さいきん大型の台風が日本に数多くじょうりくして、大きなひがいが出ているね。台風はあたたかい空気をとりこんで大きくなるから、海の温度が上がったことがげんいんとも言われているよ。これからも、もっと大きな台風が発生するかもしれないから、早めにそなえることが大切なんだよ。

台風はどうしてこわいの？

台風は世界中で1年に約20こから30こ発生しているよ。
台風のどんなところがこわいか知ってる？

強い風がふいて
屋根がこわれ
ちゃった家を、
ニュースで見た
ことがあるよ

強風・暴風

台風による強い風で、外において
あるものや屋根のかわらがとばされる
ことがあるよ。強い風がふいている
ときは、かんばんや車などの大きな
ものがたおれることもあるんだよ。

雨がたくさん
ふって、川の水が
あふれるって
聞いたよ

大雨

台風による大雨で、土砂災害や、
洪水が起きることがあるよ。
台風のあとの二次災害にも
注意がひつようなんだ。

台風が通り
すぎたあとも、
強い風が
ふくことが
あるんだって。
こわいね……

強い風がつづく

台風は気温がひくい場所へ行くと、
温帯低気圧というものにかわるよ。
台風が消えたあとも、強い風が
ふく場合があるから、気をつけようね。

夏から秋にかけては、
台風に注意してたいさく
することが大切だね！

もっと
知りたい！

けいかいレベルって何？

けいかいレベルとは、災害のきけん度を表すものだ
よ。レベル1～5まであり、ひなんに時間がかかる場
合は、レベル3が出されたときにひなんを始めよう！
このレベルをさんこうにして、自分のちいきの災害の
じょうきょうを知り、身を守る行動をしよう！

けいかい
レベル3だ！
すぐにひなん
できるように
じゅんび
しよう！

停電になったら、どうしたらいいの？

台風や地震などの災害が起きると、電気が止まってしまうことがあるね。
停電になってしまったら、どうやってすごせばいいのかな？

停電

台風でとんできたものが当たって電線が切れたり、
電柱がたおれたりすると、停電が起きるんだ。また、
海の近くのちいきでは、しお風がてっとうの部品を
きずつけることが、げんいんになることもあるよ。

電気で動くエアコンやせんぷうきは
使えなくなってしまうね

⬇

体温を調節しよう！

夏なら、すずしい服を着たり、
空気を入れかえたりして、
体内の熱を外へにがそう！
冬なら、寒さたいさくの
ために、もうふやカイロを
用意して、体をひやさ
ないようにしてね。

電気がつかないと、夜でも
まっくらだよね。こわいなあ……

⬇

照明グッズをじゅんびしよう！

停電で暗いなかをすごすのは
不安だよね。かいちゅう電灯や
太陽の光で発電するもの、
手でレバーを回して
発電するライトなどが
あると安心だよ。

テレビがつかなくなったら、
どうやってニュースを見よう？

⬇

ラジオでじょうほうを集めよう！

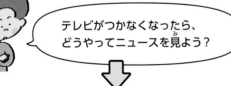

台風や地震などの災害は、
正しいじょうほうを知る
ことが大事！　停電に
なっても、電池式や、
じゅうでん式のラジオが
あると、じょうほうを
集められるよ！

エレベーターも電気で動いているね。
停電のときは止まってしまうのかな？

⬇

階だんを使おう！

台風が近づいている
ときは、エレベーターが
動いていても乗らず、
階だんを使おう！　乗って
いるときにエレベーターが
止まってしまったら、
とじこめられてしまう
かもしれないよ！

断水になったら、どうしたらいいの？

台風や地震などの災害が起きると、水が出なくなってしまうことがあるね。
台風では雨がたくさんふるのに、どうして水が使えなくなってしまうんだろう。
断水になってしまったら、どうやってすごせばいいのかな？

断水

水道管がこわれたり、停電で水をとどけるしせつやきかいが動かなくなってしまったりすると断水が起きるんだ。また、にごった水が出てくることもあるから、水が使えなくなってしまうんだ。

水が出ないと料理ができない……。
おなかが空いちゃうよ……

水が出ないっていうことは……
トイレはどうすればいいのかな……？

水と非常食をびちくしよう！

水が使えなくなってしまったときのために、水と、手軽に食べられる非常食を用意しよう。
れいぞうこのなかの食べものを先に食べて、非常食をあとから食べるようにしようね。

災害用のトイレを使おう！

トイレは体調にもかかわる、とても深こくな問題だよ。
断水にそなえて、災害用のトイレをいくつか用意しておこう。

おふろに入れないっていうことだよね……

体をきれいにしよう！

断水のときでも、体をきれいにすることはとても大切！
ウェットシートで体をふいて、せいけつにしておこう。

もっと知りたい！ 通電火災に注意！

通電火災は、停電が直ったときに起きる火災のことだよ。使用中のアイロンなど、たおれた電化製品に電気が通ると火が出てしまうことがあるよ。使っていないコンセントをぬいて、ひなんするときはブレーカーを落とそう。

このコンセントは使っていないからぬいておこう！

絵さがし

台風が接近中!

台風が近づいているよ! だんだん雨と風が強くなってきたよ。身を守るじゅんびはできているかな？
家のなかやまわりが安全か、かくにんしてみよう！

さがそう! 上のイラストからつぎのきけんな場面をさがそう。
どうしてきけんなのかも考えてみてね。

どこかへ
行くみたい

何かの
となりに
立っているね

とばされ
そう!

しめなくて
だいじょうぶ
かな？

しめて
いな
いよ

外に何かが
ころがって
いるね

たいさく
できて
いないよ

外に何か
おいた
ままだね

落ち葉が
たくさん
あるね

全部見つけた？　つぎのページでかくにんしてみよう！　13

見つけた!?

台風が近づいているときの きけんポイント

台風はよそくすることができる災害だから、身を守るためのじゅんびをすることができるよ！ 台風が近づいているときのきけんポイントを知って、どんな行動をすればいいか考えてみよう。

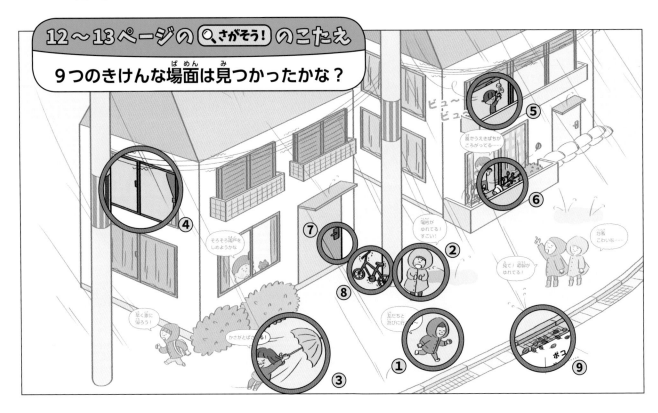

12～13ページの さがそう！ のこたえ

9つのきけんな場面は見つかったかな？

ビュ～ビュ～

風でうえきばちがころがってる……

⑤

⑥

そろそろ雨戸をしめようかな

④

電柱がゆれてる！すごい！

見て！電線がゆれてる！

台風こわいな……

⑦

②

早く家に帰ろう！

⑧

かさがとばされる！

③

友だちと遊びに行く

①

ボコ

⑨

きけん発見！

きけんポイントがどうしてきけんなのか、くわしく見てみよう。自分の家ではどうだろうと考えながら、かくにんしてね。

⚠️ きけん①

出かけようとしている

台風が近づいている日は外出をさけて、外にいる場合もすぐに家へ帰ろう。雨と風が強いなか、外へ出るのはきけんだし、ひどくなると家に帰れなくなるよ。天気予報をかくにんして、台風の進路を見て行動しようね！

雨が強くなってびしょぬれだよ～

⚠️ きけん②
電柱

台風で強風がふいているときは、
電柱がたおれたり、ものがとんできて
電線が切れたりたれさがったりするよ。
電柱には近づかず、切れた電線には
ぜったいにさわらないようにしよう！

バチ
バチッ！

⚠️ きけん③
かさをさしている

強風のなかで、かさをさすことは
とてもきけん！　かさが風にあおられて、
ころんでしまったり、とばされたかさで
人をけがさせてしまったりするかも
しれないよ。台風のときはかさをささず、
レインコートを着るようにしよう。

⚠️ きけん④
カーテンをしめていない

台風のときは、強くてはげしい風がふくことが
あるよ。風でとばされたものが当たると、
ガラスがわれてしまうかもしれないんだ。
ガラスがわれないようにするシートやテープを
はるだけでなく、カーテンもしめよう！

パリーン！

⚠️ きけん⑤
雨戸をしめていない

台風による強風でまどがわれてしまうのを
防ぐのに、雨戸が役立つよ。でも雨戸を
しめたからといって、ぜったいにまどが
われないというわけではないんだ。台風が
近づいている間はまどからはなれよう。

木がとんで
きた……！

どんっ!!

15

⚠️きけん⑥

ベランダにものをおいている

台風の風は力がとても強いから、外にある
ものはとばされてしまうかもしれないよ。
ベランダにおいてあるものがとんでいって、
人にけがをさせてしまったらたいへんだよね。
いつもはベランダにおいてあるものも、
固定するか家のなかにしまおうね。

風が強くて、
ベランダのものが
とばされそう……！

⚠️きけん⑦

家に水が入ってくる

たくさんの雨がふると、家のなかに
雨水が入りこんで浸水することがあるよ。
コンクリートの道は水はけが悪いから、
水がたまりやすいんだ。土のうや
水のうを、げんかんやまどにおいて
浸水たいさくをしよう。

水が入って
きちゃった
よ〜

⚠️きけん⑧

自転車が固定されていない

自転車は大きくて重いものだけど、台風の
強い風ではかんたんにふきとばされて
しまうよ。家のなかにしまえない
大きいものは、チェーンなどを使って
安全な場所に固定しよう。

⚠️きけん⑨

側溝がよごれている

側溝に落ち葉などがたまっていると、
水はけが悪くなって雨水が流れなくなって
しまうよ！ 日ごろから家の前の側溝は
きれいにしておこうね。

あふれてる……

側溝とは、道路に雨水などがたまらない
ように流すあなのことだよ。ふだんは人
が落ちないように、ふたがしてあるんだ

台風にそなえて、じゅんびしてみよう！

❶ハザードマップを見る

自分の住んでいるちいきが、大雨によりどのくらいひがいを受けるのかを調べてみよう。自分のちいきを知って、何に気をつけるべきかを考えることが大切だよ。（★ハザードマップについては1巻の42ページを見よう！）

川の近くはきけんだね

❷ひなん所のかくにん

台風がどんどん強くなると、ひなんがひつようになる場合もあるよ。ひがいのじょうきょうによって、いくつかひなん所を決めておくといいよ。家族とも相談してみよう！（★ひなん所については1巻の42〜43ページを見よう！）

❸防災グッズのじゅんび

ひつような防災グッズをリュックなどに入れてひとまとめにしておこう！ ひなんしなければいけないときに、すぐに持っていける防災グッズがあると安心だね。（★防災グッズについては、34〜39ページを見よう！）

マイアクションを考えよう

台風が来るとわかったら……

台風が近づいているとき、家のなかでどんな行動をとると、安全に身を守ることができるかな?

家でどんなじゅんびをする？

お母さんがベランダでガーデニングをしているから、うえきばちは部屋のなかに入れなくちゃ！

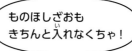

ものほしざおもきちんと入れなくちゃ！

わたしの家はひくいところにあるから、ひなん所へ早めに行くつもりだよ

さあ、自分ならどうするか考えよう！ 家のまわりのきけんを見つけて、早めにじゅんびをすることが大切だよ！

台風が接近中、または通過中！家からひなんする？ しない？

台風が来ているとき、家からぜったいにひなんする？ さまざまな場所に住んでいる人のようすを見て、ひなんするか、家ですごすかを考えてみよう！自分が住んでいる家のまわりをそうぞうしながら、かくにんしてね。

家からひなん所へひなんする場合は **ひなんする！** 、家から出ずに身を守る場合は **ひなんしない！** をえらぼう！

高台にある家

うちは高台にある家だよ。雨や風が強くなってきたな……

浸水の心配はなさそうじゃぞ

さあ、どうする？ ▶ **ひなんする！** **ひなんしない！**

川の近くにある家

ぼくの家の前にある川、なんだかいつもより水が多くない？

これから雨もどんどん強くなるみたいだぞ

さあ、どうする？ ▶ **ひなんする！** **ひなんしない！**

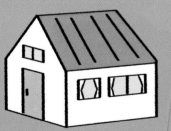

ひくい土地にある家

わたしの家は、まわりよりひくいところにあるよ。雨がさっきよりも強くなっている気がする……

雨水が流れてきそうでこわいわね

さあ、どうする？ ▶ **ひなんする！** **ひなんしない！**

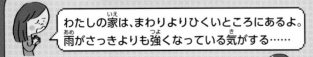

けいかいレベル4が出た!

けいかいレベル4だって! マンションの外でサイレンの音がするよー!

落ちつきなさい! ここはがんじょうなマンションよ!

さあ、どうする?▶ ひなんする! ひなんしない!

山の近くにある家

今はあんまり雨は強くないよ。家にいたいな

うちのうしろには山があるぞ。天気予報によると、これから雨がどんどんふるみたいだ

さあ、どうする?▶ ひなんする! ひなんしない!

浸水している家

わあああああ! 家のなかに水が入ってきた!

外は雨が強くて、水位もますます上がってきそうだぞ!

さあ、どうする?▶ ひなんする! ひなんしない!

海の近くにある家

わあ! 外の海を見て! 波がすごく高い!

だんだん風も強くなってきたよ

さあ、どうする?▶ ひなんする! ひなんしない!

家の近くの きけんポイントを見つけよう！

住んでいる土地や、そのときのじょうきょうによってきけんは
かわってくるよ！　自分の家のまわりにあてはまるものはあるかな？
どんなところがきけんなのか、かくにんしてみよう！

川の近くにある家 　ひなんする！

台風のえいきょうではげしい雨がふると、
川の水がどんどんふえてしまうことがあるよ。
ふえてしまった水は川からあふれてはんらん
して、家が浸水してしまうことがあるんだ。
台風が近づいてきたら、すぐにひなんしよう。

浸水
はんらん

山の近くにある家 　ひなんする！

大雨でくずれた山の土砂がいきおいよく流れて
きて、家がのみこまれてしまうことがあるんだ。
近くに山がある家は、台風が接近していたら
早めにひなん所へひなんしよう。土砂災害は、
雨がふったあとも注意がひつようだよ。

土砂災害

ひくい土地にある家 　ひなんする！

台風でふった大量の雨が、ひくい土地に
流れこんで浸水するおそれがあるよ！
マンホールから水があふれてさらに浸水の
量がふえるおそれもあるから、早めの
ひなんを心がけよう！

浸水

海の近くにある家 　ひなんする！

台風の風により海の波が高くなり、ていぼうを
こえるかもしれない。台風が接近している
ときは、海の近くの道をさけて、
安全な場所へひなんしよう。

高潮

けいかいレベル4が出される じょうきょうによっては ひなんしない！

けいかいレベル4が出されたら全員ひなんを
しなければならないよ。けれど、家のまわりなどの
じょうきょうを見て、行動を考えることが大切だよ。
マンションなどの高いたてものに住んでいたら、
外へひなんするよりも上の階にひなんしたほうが
安全なこともあるんだ。住んでいるちいきの
ハザードマップをかくにんして、
はんだんしよう。

ひなんできるか考えてみよう！

高台にある家
高いところにある家は
浸水しないこともあるから、
家ですごすほうが安全な
場合もあるよ。家のなかで
台風がすぎるのを待つときは、
台風たいさくをしっかりしてね。

たいさくは
ばっちりだよ！

浸水している家
すでに浸水している
ときに、むりに外へひなん
するのはきけん！浸水が
始まっていたら、
家の高いところに
ひなんしよう！

水がひざまで
来てる……

**家ですごすときは、2階以上の
なるべく高いところにひなんしよう！**

もっと知りたい！ # ひなんするときのこころえ

❶ひなんのときの服そう

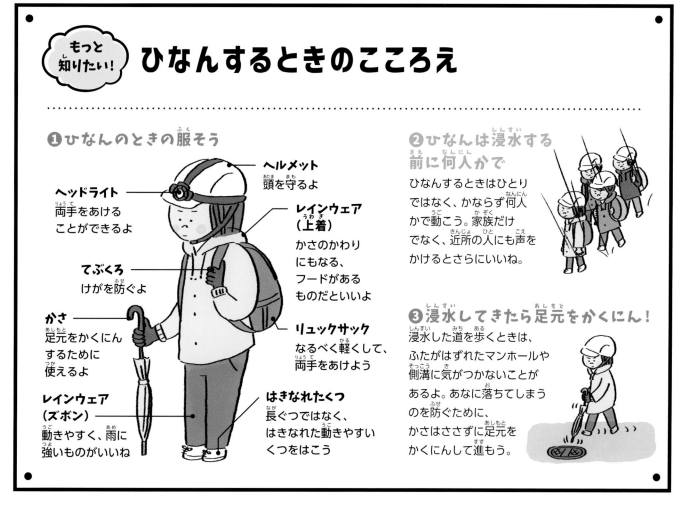

ヘルメット
頭を守るよ

ヘッドライト
両手をあける
ことができるよ

**レインウェア
（上着）**
かさのかわり
にもなる、
フードがある
ものだといいよ

てぶくろ
けがを防ぐよ

かさ
足元をかくにん
するために
使えるよ

リュックサック
なるべく軽くして、
両手をあけよう

**レインウェア
（ズボン）**
動きやすく、雨に
強いものがいいね

はきなれたくつ
長ぐつではなく、
はきなれた動きやすい
くつをはこう

❷ひなんは浸水する 前に何人かで

ひなんするときはひとり
ではなく、かならず何人
かで動こう。家族だけ
でなく、近所の人にも声を
かけるとさらにいいね。

❸浸水してきたら足元をかくにん！

浸水した道を歩くときは、
ふたがはずれたマンホールや
側溝に気がつかないことが
あるよ。あなに落ちてしまう
のを防ぐために、
かさはささずに足元を
かくにんして進もう。

台風が来た！

台風が来ているよ！ 外からすごい音が聞こえてくる！
ひなん所へ行かず家のなかですごすことにしたよ。
家のなかはしっかり台風にそなえられているかな？

ザワ ザワ ザワ

地下室に
わすれもの！

ゴポ
ゴポ……

🔍 さがそう！　上のイラストからつぎのきけんな場面をさがそう。
どうしてきけんなのかも考えてみてね。

使って
いないね

まどの
近くに
あるね

どこかへ
向かって
いるよ

どこかへ
行こうと
しているね

あふれて
いるよ

コンセントに
つながって
いるよ

使えない
みたい

何かが
はずれて
いるよ

全部見つけた？
つぎのページで
かくにんして
みよう！

23

見つけた!?
台風の日を家ですごすときの
きけんポイント

ひなん所へは行かずに家ですごす場合、どのようにしたら
安全にすごすことができるだろう？ 考えてみよう！

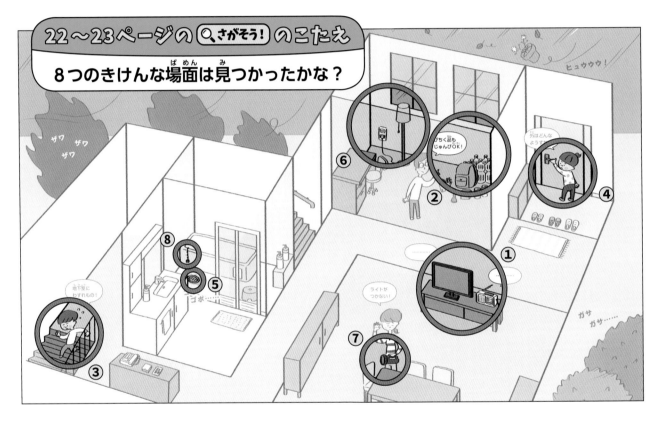

22〜23ページの さがそう！ のこたえ
8つのきけんな場面は見つかったかな？

きけん発見！

きけんポイントがどうしてきけんなのか、くわしく見てみよう。
自分の家ではどうだろうと考えながら、かくにんしてね。

⚠ きけん①

じょうほうを集めていない

災害のときは、ラジオやテレビをつけて、
正しいじょうほうを手に入れよう。
注意報や、けいほうなどが出ていないか
かくにんして行動しようね。

台風は今
どこにいる
のかな？

⚠️ きけん②

びちく品をまどの近くにおいている

台風の日を家ですごすときに、大切なのはびちく品。でもまどの近くにおいてあったら、まどがわれてとびちったガラスできずついたり、雨水が入ってきてぬれてしまうかもしれないよ。びちく品はいつでも使えて、近くにまどがない場所におこう。

⚠️ きけん③

地下室におりている

台風など、大雨がふるときに地下室にいるのはとてもきけんだよ。ひくい場所は雨水で浸水してしまうかもしれないし、とびらが開かなくなってしまうこともあるんだ。

⚠️ きけん④

外のようすを見に行く

台風のときはむやみに外へ出てはいけないよ。風でとばされてきたものに当たったり、用水路や川に落ちたりして、思いがけない事故やけがにつながってしまうこともあるんだ。台風が通りすぎるまで、外のようすを見に行くことはぜったいにやめよう。

⚠️ きけん⑤

はいすいこうが逆流する

台風で急に水がふえると、はいすいこうから水が逆流してくることがあるよ。トイレのべんきやおふろばのはいすいこうを、ビニールぶくろに水を入れて作った水のうでふさいで、逆流を防ごう。台風のときはせんたくきやおふろはあまり使わず、できるだけ水を流さないようにしよう。

あふれてきた！

⚠️ きけん⑥

電化製品がまどの近くにある

電化製品が水にぬれてしまうと、電気がもれて火災のげんいんになることがあるんだ。まどの近くにおいてあると、まどガラスがわれて雨水が部屋に入ってきたときにきけんだよ。電化製品はおく場所に注意してね。

⚠️ きけん⑦

停電たいさくをしていない

台風で、長い時間電気が使えなくなってしまうことがあるよ。夜、暗やみのなかを動くのはあぶないし、不安だよね。台風が来る前にかいちゅう電灯と、電池のじゅんびをしておこう。

⚠️ きけん⑧

おふろのせんをぬいている

台風のえいきょうで断水（⇨11ページ）になることがあるよ。もしものときのために、湯船には水をためて、消火やあとかたづけのそうじのために使おう。

水が出なくなっちゃったよ〜

もっと知りたい！

水位が上がると……

大雨により家のなかに水が入ってきて水位が上がると、水の力でとびらが開かなくなってしまうかもしれないよ！　水位が40センチメートルになると、大人でもとびらを開けることがむずかしくなってしまうんだって。部屋にとじこめられないように、とびらは開けておこうね。

こどもは30センチメートルくらい水がたまると、とびらを開けられなくなってしまうんだ……

マイアクションを考えよう

家にいるとき、台風が発生したら……

自分の家のまわりのようすをそうぞうしながら、
どんなときにひなんすればいいかを考えよう！

家からひなんする？ しない？

わたしの家のうしろには大きな山があるから、台風が近づいてくる前にひなんするんだ

ぼくの家には、おじいちゃんと小さい妹がいるから、早く家族でひなんしたほうがよさそうかな？

ぼくは川の近くに家があるから、台風のじょうほうをかくにんして、明るいうちからにげるよ

もう暗くなっていたり、浸水が始まっていたりしたらひなんしないよ。家の2階ですごすこともひなんのひとつなんだって！

家のなかで安全にすごすには？

いつもは1階でねてるけど、台風が来ているときは2階でねるよ

台風は夏から秋に来るから、暑さと寒さたいさくもわすれずにしなきゃ

ぬれて使えなくなるとこまる電化製品は、高いところへおくよ

さあ、自分ならどうするか考えよう！ 台風は前もって進路をよそくできるから、早めのたいさくが大切だよ！

家のなかで地震発生！

家にいるとき、地震が起きたよ！ 足元がグラグラゆれて
家具がたおれてきそうだし、まどガラスがゆかにちらばって
いるよ。自分の身はどうやって守ればいいかな？

すごく大きいぞ！

カン カン！

ここにかくれていた
ほうが安全かな？

落ちてこない
かしら……

さがそう！ 上のイラストからつぎのきけんな場面をさがそう。
どうしてきけんなのかも考えてみてね。

大きくゆれて
いるね

動きだし
そう

すごく
ゆれて
いるね

どこかの
なかにいるよ

はだし
だよ

落ちて
きそう

何かを
おさえて
いるよ

たおれて
きそう
だよ

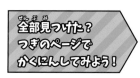

全部見つけた？
つぎのページで
かくにんしてみよう！

29

家のなかで地震が起きたときの きけんポイント

家のなかは家具やいろいろなものがたくさんあってきけんがいっぱい！
きけんポイントをかくにんして、どのように行動すれば安全か、考えてみよう！

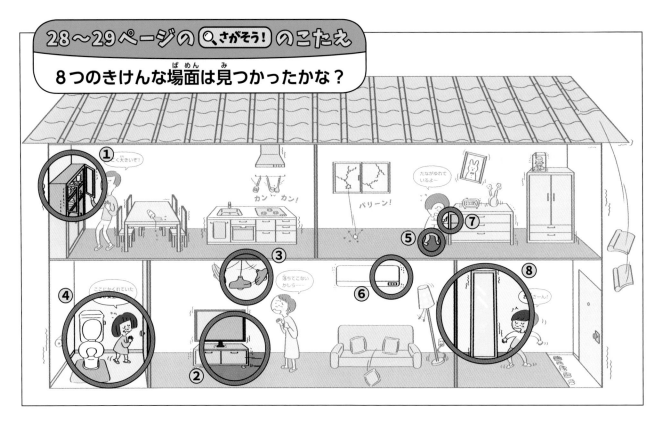

28〜29ページの 🔍さがそう！ のこたえ

8つのきけんな場面は見つかったかな？

きけん発見！

きけんポイントがどうしてきけんなのか、くわしく見てみよう。
自分の家のなかでも、かくにんしてみてね。

⚠ きけん①

食器だなの近く

もし食器がとび出してわれたら、
はへんでけがをしてしまうかもしれない。
それに、地震のゆれでたながたおれてきたら、
下じきになってしまうかもしれないよ。
すぐにたなからはなれて頭を守ろう！

⚠️ きけん②

キャスターつきの家具

地震のゆれが大きいと、キャスターがついている家具が動くかもしれないよ。重い家具でもとんでくることがあるんだ。家具が動いていたら、すぐに安全な場所へひなんしよう。

⚠️ きけん③

照明器具の下にいる

ゆれが大きいときは、てんじょうからつり下がった照明器具が落ちてきたり、てんじょうに当たってわれたりするかもしれないよ。ゆれを感じたら、照明器具の下からすぐにはなれて身を守ろう。

⚠️ きけん④

トイレのとびらを
しめたままにしている

トイレは、地震のゆれでとびらがゆがむと開かなくなってしまうこともあるんだ。とじこめられたら、人が来たときに音を出して助けをよぼう。

・身を守るためのヒント・

こんなもので身を守ろう！

❶ふとん・まくら

自分の部屋にいるとき地震が起きたら、ふとんやまくらをかぶると落ちてくるものから身を守ることができるよ。部屋にいるときの身の守りかたのひとつとして、おぼえておこう！

❷せんめんき

おふろでは、せんめんきで頭を守ることができるよ。とじこめられないようにとびらを開けて、ゆれがおさまったらすべらないように注意しながらおふろを出よう。

⚠️ きけん⑤
はだしで歩いている

地震のとき、部屋のなかをはだしで歩き
まわるのはきけん！ われたガラスや落ちて
いるものをふんで、けがをしてしまうかも
しれないよ。地震のあとに部屋のなかを
いどうするときは、スリッパをはこう。

スリッパがないときは、
本やざっしなどをゆかに
おいて、その上を歩こう

⚠️ きけん⑥
エアコンが落ちる

地震のゆれが大きいときは、エアコンが
落下することもあるよ。落ちてきた
エアコンが頭に当たってしまったら
たいへん！ けがをしないように、
エアコンの下からすぐにはなれよう。

⚠️ きけん⑦
家具をおさえている

地震でゆれているなかでは、家具をおさえる
ことはとてもきけん！ 動いている家具の
下じきになって、大けがにつながることも
あるんだ。家具が動いていたら、すぐに
はなれて安全なところで身を守ろう！

⚠️ きけん⑧
かがみがたおれてくる

大きなかがみがたおれてくると、
下じきになるだけでなく、こなごなに
なったかがみのはへんでけがをする
こともあるんだ。地震が起きたら、
かがみからすぐにはなれてね。

マンションでのひなん

❶非常口の場所をかくにんしよう

マンションでは、非常口から階だんを使って下の階へおりよう。マンションのどこに非常口があるか、かくにんしてね。

あっ！非常口！

❷エレベーターは使わない

災害によって停電が起きることがあるよ。エレベーターが止まってとじこめられることもあるから、階だんでひなんしようね。

マイアクションを考えよう

家で地震が起きたら……

家のなかはきけんがいっぱい！　どうやって身を守れば安全に行動できるかな？

自分の部屋にいたらどうする？

部屋にたくさんあるぬいぐるみで、頭を守るよ！

ぼくの部屋はものがたくさんあるから、何もないろうかに出たほうがよさそう

ぼくの部屋は大きい本だながあるから、すぐに本だなからはなれるよ

リビングにいたらどうする？

すぐに動けなかったら、ソファのクッションを使って頭を守るよ

ぼくの家のリビングには背の高いたながあるよ。あのたなから、すぐにはなれたほうがいいよね

電子ピアノがあるなあ。いどうしてこないところへすぐにげるよ

さあ、自分ならどうするか考えよう！　自分の家のきけんポイントを見つけてみて、何がきけんなのか、おうちの人と話しあってみてもいいね。

集めよう!

家にあるもので、どうやって防災たいさくをする?

家にいるときに、地震が起きたらどうやって身を守る? 防災グッズだけじゃなくても、身のまわりのものをうまく使うと、身を守ることにつながるんだ。「停電が起きたとき」、「断水が起きたとき」、「ガスが止まったとき」など、いろいろな場面にあわせて考えてみよう!

🔍 □のなかのものはどんなときに役に立つと思う? 考えてみよう!

家のなかにはいろいろなものがあるね!

防災たいさくの役に立ちそうなものを、集めてみよう!

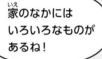

水

食料

ヘルメット

てぶくろ
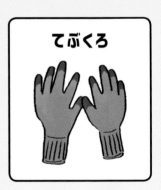

ぬいぐるみ

本

ハンマー

救急セット

けいたいラジオ

ヘッドライト

まくら

ラップフィルム

ふえ

家族の写真

きんきゅう
れんらく先

災害用トイレ

レインコート

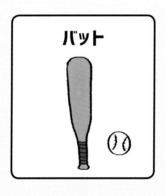

バット

かさ

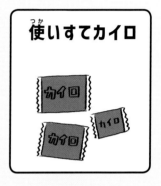

使いすてカイロ

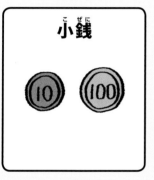

小銭

タオル

じょうぎ

ポリぶくろ

ラケット

ウェットシート

まんが

下着

わたしは、停電のときに
役に立ちそうなものを集めたよ！

ぬいぐるみは、不安な気持ちを
なくすことができると思ったよ

わたしは断水で
使えるものを
集めてみたよ

ポリぶくろは水を
もらうときに使えるん
じゃないかな？

身のまわりのものはどのように役に立つかな？ つぎのページでかくにんしてみよう！　35

家にあるもの、どんなときに役に立つ？

身を守るためには、防災グッズをそろえるだけでなく、家にあるものをくふうして、防災に役立てることも大切だよ。どんなものが、どんなときに役立つかも考えてみよう！

こんなときに役に立つ！

停電したとき… 💡
断水したとき… 💧
ガスが止まったとき… 🔥
体を守るとき… 🚶
心をいやすとき… 💜
命を助けるとき… 🖐
れんらくをとるとき… 📞

① 水 💧

水は生きていくうえでもっとも大切なもの。ふだんからすいとうなどのいれものに入れて持ち歩こう。

② 食料 💧 🔥

すぐ食べられるものを用意しておこう。栄養だけでなく水分もいっしょにとれる、ゼリー飲料があってもべんりだよ。

③ ヘルメット 🚶

地震のときには、どこにいても落下物に注意をしなければいけないよ。頭を守るために、ヘルメットをそなえておこう。

④ てぶくろ 🚶 🖐

地震のあとは、がれきやわれたガラスがちらばっていることがあるよ。われたものやこわれたものをかたづけるときには、けがをするのを防ぐため、防災用のてぶくろをしよう。

⑤ 救急セット 🚶

地震のあとは、いろいろな場所でけがをすることがあるよ。もしものときのために、ほうたいやしょうどく液、ばんそうこうを用意しておこう。

⑥ けいたいラジオ 💡

災害が起きると、停電してテレビが見られなくなってしまうことがあるよ。ラジオをつけて正しいじょうほうをゲット！

⑦ ヘッドライト 💡 🖐

じゅうでん式のものがあるといいよ！

停電しているとき、暗いなかですごすのはとても不安だよね。暗い外を歩くときは、両手があくヘッドライトがべんり！

⑧ ウェットシート 💧 🔥

断水でおふろに入れないとき、ウェットシートがあると体をふくことができて、せいけつにすることができるよ！

⑨ タオル

けがをしたときの手当てや、あせをふくときなど、災害が起きたときはとくに、かかせないよ！何まいか用意しておくとべんりだね。

⑩ ふえ

まわりの人に助けをもとめたいときに使えるよ。大きな声を出すとつかれてしまうから、ふえで大きい音を出そう。

⑪ 小銭

災害のときは、けいたい電話が通じにくくなるよ。公衆電話を使うために小銭のじゅんびをわすれずに！（★公衆電話の使いかたは1巻の45ページを見よう！）

公衆電話は10円玉か100円玉しか使えないよ

⑫ レインコート

雨のなかをいどうしなければいけないときは、両手をあけるために、レインコートを着よう。雨のときだけでなく、寒いときに着ると体をあたためることができるよ。

⑬ きんきゅうれんらく先

災害用伝言ダイヤルなどを使用したいときのために、家族や親せきの人のれんらく先をまとめておくとすぐにれんらくすることができるよ。

お父さんの会社の電話番号は……

⑭ 家族の写真

あっちにいたよ

災害で家族とはなればなれになってしまったときは、写真があるとまわりの人にもじょうほうを聞くことができるよ。

⑮ 災害用トイレ

しょうしゅうざいでにおいも消してくれるよ！

断水でトイレをがまんすると、体の調子が悪くなってしまうよ。1日に何回トイレに行くか回数を考えて用意しよう。

⑯ 使いすてカイロ

冬だけでなく、雨がふったときなどは、体温がうばわれて体調をくずしてしまうかもしれないよ。カイロがあれば、かんたんに体をあたためることができるね。

⑰ ポリぶくろ

体をあたためたり、よごれたものを入れたり、いろいろなことに使えるよ。給水ぶくろにも使えて、ひなん所で水をもらうこともできるよ！

⑱ 下着

あせや雨でぬれてしまった服をずっと着ていると、体温をうばわれて、体調が悪くなってしまうかもしれないよ。着がえを用意しておこう。

こんなものも役に立つ！

部屋にいるときは、ぬいぐるみで頭を守れそうだね

ハンマーはとじこめられた人を助けることができそう！

ひなん所にいるとき、本があると心が落ちつきそうだな

じょうぎとラップフィルムはこっせつしたときのおうきゅうしょちのために使えそうね！

こんなものがあると さらに役に立つ！

災害が長い間つづき、家やひなん所でひなん生活を送るときにあると
べんりなものをしょうかいするよ！

① ポリタンク💧

断水で水が出なくなってしまったとき、給水車から水をくむことができるよ。水は重いから、運ぶときは大人といっしょに持つと安心だよ。

② ねぶくろ ♥ 🚹

ひなん所には、あたたかいふとんがないよ。ねぶくろがあれば、どこでもねむることができるだけでなく、体をあたためることができるよ。

③ 調理用コンロ🔥

停電が起こると、電気やガスが使えなくなってしまうことがあるよ。冬場はコンロがあれば、あたたかいものを食べることができるよ。

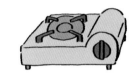

④ 液体ハミガキ🚹

歯をきれいにしないと、ばいきんが体内に入って、体調をくずしてしまうかもしれない。水を使わずにすむ液体ハミガキで、口のなかをきれいにしよう！

⑤ マスク🚹

地震のあとのほこりや、ひなん所での病気かんせんの防止だけでなく、冬は寒さたいさくにもなるよ！何まいも用意してあると安心だよ。

⑥ ランタン ♥ 💡

ランタンは持ち運びできる、あかりのことだよ。停電でまっくらになってしまったときに、明るいものがあると心を落ちつかせることができるんだ。

⑦ そうじ用具✋

地震でこわれたまどガラスや、くずれたかべをそうじするときに使おう。ブルーシートは、こわれた屋根やまどに使えるよ。

⑧ 着がえ🚹

長そでと半そでの着がえをセットでいくつか用意しておこう。体をきれいにたもつことができるよ。

⑨ トランプやボードゲーム♥

停電で何もすることがないとき、遊べるものがあると心を落ちつかせることができるよ。家族で遊んで、気分てんかんしよう。

1週間分あるといいもの

① 保存食 💧🔥

長い間保存できる食料を、そなえておこう。食べたら、新しいものをほじゅうして、いつでも食べものがあるようにしよう。

② 災害用トイレ 💧

長い時間水が使えないとき、家に用意してあると安心だよ。きれいなかんきょうで生活するために、大事なアイテムだよ。

③ 飲みもの 💧🔥

水だけでなく、くだものや、やさいのジュースがあるとうれしいし、体もけんこうでいられるよ。

すきな飲みものを多めに用意しよう！

まくらもとにおいておきたいもの

夜、ねているときに地震が起きたらどうする？すぐに体を守れるように、まくらもとに防災グッズをおいておこう。

けいたいラジオ
じょうほうをすぐに手に入れるために、ラジオはわすれずに！

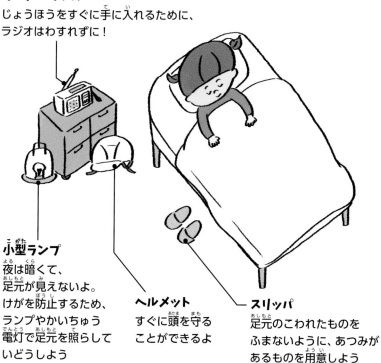

小型ランプ
夜は暗くて、足元が見えないよ。けがを防止するため、ランプやかいちゅう電灯で足元を照らしていどうしよう

ヘルメット
すぐに頭を守ることができるよ

スリッパ
足元のこわれたものをふまないように、あつみがあるものを用意しよう

こんなものもわすれずに！

めがね　　薬

・身を守るためのヒント・

ランドセルにも防災グッズ！

学校にいるときや下校中に地震が起きたときのために、ランドセルにも防災グッズを入れておこう！「救急セット」「タオル」「ふえ」「家族の写真」「きんきゅうれんらく先」があると、役に立つよ！

きけんを見つけて、家のなかを防災たいさくしよう！

家の防災は、家具を安全において、ものがとび出したりガラスがとびちらないようにすることが大切！ 家のなかを見てみよう。防災たいさくしなきゃいけないところはどこかな？

ゆれてる！

ぐらぐら

さがそう！ 上のイラストからつぎのきけんな場面をさがそう。
どうしてきけんなのかも考えてみてね。

ひびが入っているよ

たおれてきそう

近くに何かあるよ

みし
みし……

あぶない！
たおれそう！

ばーん！

食器だなの
とびらが
開いちゃった！

どこかの
前において
あるよ

たおれ
そうだよ

とびらが
開いて
いるよ

全部見つけた？
つぎのページで
かくにんしてみよう！

見つけた!?
家のなかのきけんポイント

ふだんすごしている
家のなかだけど、
実はいろいろな
ところにきけんが
かくれているよ。
きけんポイントを
かくにんして、家の
なかをどうやって
防災たいさくをするか
考えてみよう！

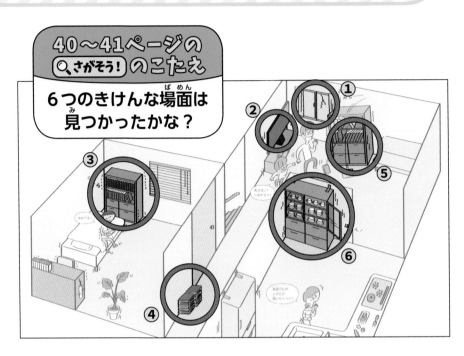

40〜41ページの
さがそう！のこたえ

6つのきけんな場面は
見つかったかな？

きけん発見！

きけんポイントを知ると、家のなかの防災のヒントになるよ。
自分の家のなかでも、かくにんしてみてね。

⚠ きけん①

まどガラスがわれてとびちる

地震のゆれで、まどガラスがわれて
とびちってしまうかもしれないよ。
まどガラスにフィルムやテープを
はると、防ぐことができるよ。

⚠ きけん②

テレビを固定していない

家のなかにある電化製品は、地震のゆれで
たおれたり、動いたりすることがあるよ。
テレビがたおれると、えきしょうがわれて
けがをするかもしれないから、テレビと台を
かべに固定しておこう。

⚠ きけん③
ベッドの近くの大きな家具

大きな家具があると、地震のゆれで
ベッドのほうにたおれてくるかもしれないよ。
ねているときだと、すぐににげることが
できずに、大けがをしてしまうね。
大きな家具は、おく場所に気をつけよう。

⚠ きけん④
とびらの前ににもつをおいている

とびらの前ににもつや家具がおいてあると、
地震のゆれでたおれてしまうかもしれないね。
とびらが開かなくなってしまうこともあるから、
何もおかないようにしよう。

開かない！

⚠ きけん⑤
固定していない家具

大きくて重い家具も、固定していないと
地震のゆれによってたおれてくることが
あるよ。大きな家具の下じきになったら
たいへん！ たおれないように固定しよう。

⚠ きけん⑥
食器だな

食器だなは、出入口の近くにおくとたおれて
道をふさいでしまうこともあるんだ。また、
なかのものがとんできたらきけんだね。たなを
固定して、とびらにとめ具をつけると安心だよ。

もっと知りたい！ ひなん所での すごしかた

台風や地震などの災害がげんいんで、ひなん所で生活することになったら
どうする？ ひなん所でのすごしかたや、注意点をかくにんしよう！

- -

① ひなん所ってどんなところ？

ひなん所は、台風や豪雨、地震などがげんいんで
家での生活ができなくなってしまった場合、
一時的に生活をすることができる場所の
ことだよ。また災害から身を守るため、
災害が発生する前にひなんする
場所でもあるんだ。食料や生活用品
などがくばられたり、じょうほうを
集めることもできるよ。

公立の小中学校や公共しせつが
ひなん所になっているよ

② ひなん所では どうやってすごすの？

ひなん所では、ふだんの生活と同じ
生活ができなくなってしまうよ。
まわりに知らない人がいたり、自分と
ほかの人がすごす場所の間にかべが
なかったりすることもあるんだ。

さまざまな人といっしょに生活を
しなければならないことをおぼえ
ておいて、ひなん所では、お手伝い
などもしよう。災害を乗りこえる
ためには、助けあいも大切なんだよ

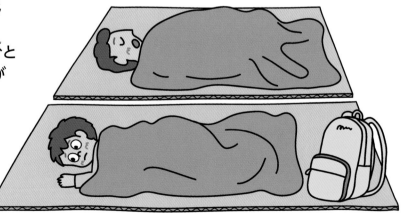

③ ひなん所での注意点

体編

ひなん所では、自由に動けるスペースが少ないこともあるよ。ずっと同じしせいでいることで、血液の流れが悪くなってしまうことがよくあるんだ。予防のために、水分をとって歩いたりストレッチをしたり、こまめに体を動かすことが大切だよ！

水分をとる

歩いて体を動かす

足の運動

足の指をグーとパーに動かしてみよう！

気持ち編

災害が起きたあとは、不安な気持ちになりやすいよ。きんちょうが取れなくて、ストレスがたまってしまうこともあるんだ。そんなときは、気分をかえるために体を動かしてみたり、家族や友だちと話をしたりしてみよう。

安全編

ひなん所には、たくさんの知らない人がいるよ。かせつトイレなど、ひなん所からはなれた場所へ行くときや夜に行動するときは、ひとりで行動してはいけないよ。かならず、おうちの人といっしょに動くようにしよう。

④ ちいきのつながりを大切にしよう

災害のときは、まわりの人と助けあうことが大切だよ。日ごろから近所の人との交流を心がけて、近くに住んでいる人とあいさつをしたり、ちいきの行事にさんかしたりしよう。

おはよう！

おはようございます！

おわりに

この本では、家にいるときに地震や台風が起きたら、きけんなことがありそうなポイントをしょうかいしたよ。だけど、しょうかいしたことをすべておぼえておけばぜったいに身を守れるというわけではないんだ。大切なのは、「もしここで○○が起きたら」「もしも、○○だったら」と、ふだんから自分の身のまわりを見わたしてそうぞうしてみること。そして、「ここがきけんかも」「○○のときは、こうしよう」「こんなところに気をつけよう」ときけんポイントをさがしたり、どう行動するかというマイアクションを考えたりすることだよ。この本をヒントにしながら、これからも身を守るための力をどんどんつけていってね！

家にひとりでいるときに地震が起きたらどうしよう？

断水したら、トイレはどうしたらいいの!?

家からいちばん近いひなん所はどこだろう？

地震にそなえて、自分の部屋はどのように防災たいさくをすればいいのかな？

おふろに入っていたら地震が起きたよ！

ひなん所にいるときには何を気をつければいいのかな？

はいすいこうが逆流してきたらどうすればいいんだろう！

地震が起きたときのために、家に何を用意しておくといいかな？

まだまだ考えておきたいことはたくさんありそうだね！

身のまわりのきけんポイントももっとさがしておこうっと！

さくいん

監修　国崎信江（くにざきのぶえ）

危機管理教育研究所 代表
危機管理アドバイザー

横浜市生まれ。女性、生活者の視点で防災・防犯・事故防止対策を提唱し、国や自治体の多くの防災関連の委員をつとめるかたわら、講演やテレビ、ラジオ、新聞等で情報提供をしている。一般的な防災対策から、家庭の防災、地域防災、施設防災、企業防災などや、地震から家族を守る方法、災害から財産を守る方法、防災用品を準備するポイント、発災時の避難所の運営など、被災地支援の経験をもとに幅広い内容での講演をおこなっている。

イラスト	林ユミ（アジアンプラネット）（6〜7ページ、9〜43ページ）
	TICTOC（8〜11ページ、44〜45ページ）
装丁・本文デザイン	株式会社参画社
校正	くすのき舎
編集	株式会社 童夢

もしものときに
きみならどうする？
防 災　❷家

2020年2月28日　第1版第1刷発行

発行所	WAVE出版
	〒102-0074
	東京都千代田区九段南 3-9-12
	TEL　　03-3261-3713
	FAX　　03-3261-3823
	振替　　00100-7-366376
	E-mail　info@wave-publishers.co.jp
	http://www.wave-publishers.co.jp
印刷	株式会社サンニチ印刷
製本	大村製本株式会社